# *sobre el*
# amor

Otros libros del Papa Francisco publicados por Loyola Press en español

*Sobre la esperanza*

*Sobre la fe*

*El Papa Francisco: vida y revolución*

*Querido Papa Francisco*

*El Papa Francisco dice . . .*

# *sobre el* **amor**

# PAPA FRANCISCO

LOYOLAPRESS.
UN MINISTERIO JESUITA
Chicago

LOYOLA PRESS.
UN MINISTERIO JESUITA

3441 N. Ashland Avenue
Chicago, Illinois 60657
(800) 621-1008
www.loyolapress.com



Diseño de la portada: ROMAOSLO/iStock/Getty Images.

ISBN: 978-0-8294-4869-6
Número de Control de Biblioteca del Congreso USA: 2019951620

Impreso en los Estados Unidos de América.
19 20 21 22 23 24 25 26 27 28 Bang 10 9 8 7 6 5 4 3 2 1

# Índice

1

# El amor se enciende en la oscuridad

A veces la oscuridad de la noche parece penetrar el alma. A veces pensamos "ya no hay nada más que hacer", y el corazón ya no encuentra la fuerza para amar. Pero es precisamente en esa oscuridad que Cristo enciende el fuego del amor de Dios: un resplandor rompe la oscuridad y anuncia un nuevo inicio, algo comienza en la oscuridad más profunda. Nosotros sabemos que la noche es "más noche", es más oscura, poco antes del amanecer. Pero precisamente en esa oscuridad está Cristo que vence y enciende el fuego del amor.

## 2
# El amor de Dios no tiene límites

No habrá día de nuestra vida en el que cesemos de ser una preocupación para el corazón de Dios. Dios siempre se preocupa por nosotros y camina con nosotros. ¿Y por qué hace esto? Simplemente porque nos ama. ¿Está entendido esto? ¡Él nos ama! No nos abandonará en el tiempo de la prueba y de la oscuridad. Esta certeza pide anidarse en nuestra alma para no apagarse nunca.

3

# El amor de Dios nos espera

El misterio del amor de Dios no ha sido revelado a los sabios e inteligentes, sino a los pequeños (Lc 10:21; Mt 11:25–26). Por lo tanto, la enseñanza más profunda que estamos llamados a transmitir y la certeza más segura para salir de la duda, es el amor de Dios con el cual hemos sido amados (1 Jn 4:10). Un amor grande, gratuito y dado para siempre. ¡Dios nunca da marcha atrás con su amor! Sigue siempre hacia adelante y espera.

Recordemos esto en nuestra vida de cristianos: Dios nos espera siempre, aun cuando nos hayamos alejado. Él nunca está lejos, y si volvemos a él, está preparado para abrazarnos.

1

# Amor sólido como una roca

El amor de Dios es estable y seguro, como las costas rocosas que protegen de la violencia de las olas. Jesús manifiesta [este amor] en el milagro narrado por el Evangelio, cuando aplaca la tempestad, ordenando al viento y al mar (Mc 4:41). Los discípulos tienen miedo porque se dan cuenta de que quizás no sobrevivirán la tempestad, pero Jesús abre sus corazones a la valentía de la fe. Ante el hombre que grita "No puedo más", el Señor le ofrece la roca de su amor, a la cual cada uno puede aferrarse seguro de que no caerá. ¡Cuántas veces sentimos que no podemos más! Pero él está a nuestro lado con la mano y el corazón abierto.

5

# Amor generoso

El Señor se proclama "rico en clemencia y lealtad". ¡Qué hermosa es esta definición de Dios! Aquí está todo. Dios es grande y poderoso, y esta grandeza y poder se despliegan en el amarnos, que somos así de pequeños, así de incapaces. La palabra "amor", aquí utilizada, indica *el afecto, la gracia, la bondad.* El amor de Dios no es un amor de telenovela . . . Es el amor que da el primer paso, que no depende de los méritos humanos sino que es de una inmensa gratuidad. Es la solicitud divina a la que nada puede detener, ni siquiera el pecado, porque el amor de Dios sabe ir más allá del pecado, vencer el mal y perdonarlo.

6

# El amor de Dios es tangible

Dios no es una cosa vaga, como un vapor. Dios es concreto y tiene un nombre: "Dios es amor". No es un amor sentimental, emotivo, sino el amor del Padre que está en el origen de cada vida, el amor del Hijo que muere en la cruz y resucita, el amor del Espíritu que renueva al hombre y el mundo. Pensar en que Dios es amor nos hace mucho bien, porque nos enseña a amar, a darnos a los demás como Jesús se dio a nosotros y a caminar con los demás como Jesús sigue caminando con nosotros.

# 7
# El amor de Dios está cerca de nosotros

Todos estamos llamados a dar testimonio y anunciar el mensaje de que "Dios es amor". Dios no está lejos ni es insensible a nuestras vicisitudes humanas. Está cerca, está siempre a nuestro lado, camina con nosotros para compartir nuestras alegrías y nuestros dolores, nuestras esperanzas y nuestras fatigas. Nos ama tanto y hasta tal punto, que se hizo hombre. Vino al mundo no para juzgarlo, sino para que el mundo se salve por medio de Jesús (Jn 3:16–17). Y este es el amor de Dios en Jesús, este amor que es tan difícil de comprender, pero que sentimos cuando nos acercamos a Jesús. Y él nos perdona siempre, nos espera siempre, nos quiere mucho. El amor de Jesús que sentimos, es el amor de Dios.

# 8
# El amor de Dios renueva

El amor de Dios renueva todo, es decir, Dios hace nuevas todas las cosas. Reconocer los propios límites, las propias debilidades, es la puerta que abre al perdón de Jesús, a su amor que puede renovarnos profundamente, que puede re-crearnos. La Salvación puede entrar en el corazón cuando nos abrimos a la verdad y reconocemos nuestros errores, nuestros pecados. Entonces, vivimos esa hermosa experiencia de aquél que vino no por los sanos, sino por los enfermos; no por los justos, sino por los pecadores (Mt 9:12–13). Sintamos su paciencia, su ternura, su voluntad de salvar a todos.

9

# El máximo signo de amor

La profecía de Isaías anuncia la aparición de una gran luz que disipa la oscuridad. Esa luz nació en Belén y fue recibida por las manos tiernas de María, por el cariño de José, por el asombro de los pastores. Cuando los ángeles anunciaron a los pastores el nacimiento del Redentor, lo hicieron con estas palabras: "Y aquí tenéis la señal: encontraréis un niño envuelto en pañales y acostado en un pesebre" (Lc 2:12).

La señal es precisamente la humildad de Dios . . . llevada hasta el extremo. Es el amor con el que, aquella noche, Dios asumió nuestra fragilidad, nuestros sufrimientos, nuestras angustias, nuestros anhelos y nuestras limitaciones. El mensaje que todos esperaban, que buscaban en lo más profundo de su alma, no era otro que la ternura de Dios: Dios que nos mira con ojos llenos de afecto, que acepta nuestra miseria, Dios enamorado de nuestra pequeñez.

10

# El amor nos apoya en medio de la incertidumbre

Por decreto del emperador, María y José se vieron obligados a marchar. Tuvieron que dejar su gente, su casa, su tierra y ponerse en camino para ser censados. Una travesía nada cómoda ni fácil para una joven pareja en situación de dar a luz. En su corazón iban llenos de esperanza y de expectativa por el niño que venía. Sus pasos en cambio iban cargados de las incertidumbres y de los peligros propios de aquellos que tienen que dejar su hogar.

Y precisamente allí [en Belén], en esa desafiante realidad, María nos regaló al Emmanuel. El Hijo de Dios tuvo que nacer en un establo porque los suyos no tenían espacio para él. "Vino a los suyos y los suyos no lo recibieron" (Jn 1:11). En medio de la oscuridad de una ciudad que no tiene ni espacio ni lugar para el forastero que viene de lejos, en medio de la oscuridad de una ciudad en pleno movimiento, se enciende la chispa revolucionaria de la ternura de Dios. En Belén se generó una pequeña abertura para aquellos que han perdido su tierra, su patria, sus sueños. Incluso para aquellos que han sucumbido a la asfixia que produce una vida encerrada.

# 11
# El pan de amor

La Navidad tiene sobre todo un sabor de esperanza porque, a pesar de nuestras tinieblas, la luz de Dios resplandece. Su luz suave no da miedo. Dios, enamorado de nosotros, nos atrae con su ternura, naciendo pobre y frágil en medio de nosotros, como uno más. Nace en Belén, que significa "casa del pan". Parece que nos quiere decir que nace como pan para nosotros; viene a la vida para darnos su vida; viene a nuestro mundo para traernos su amor.

No viene a devorar ni a mandar, sino a nutrir y servir. De este modo hay una línea directa que une el pesebre y la cruz, donde Jesús será pan partido. Es la línea directa del amor que se da y nos salva, que da luz a nuestra vida y paz a nuestro corazón.

12

# Amar al Niño Jesús

El Niño Jesús viene a salvarnos. Viene para mostrarnos el rostro del Padre rico en amor y misericordia. Estrechemos, por lo tanto, entre nuestros brazos al Niño Jesús y pongámonos a su servicio.

Es necesario también que pongamos en el centro de nuestra vida a Jesús y sepamos que, aunque parezca paradójico, tenemos la responsabilidad de protegerlo. El Niño Jesús quiere estar en nuestros brazos, desea ser atendido y poder fijar su mirada en la nuestra. Además, hagamos sonreír al Niño Jesús para demostrarle nuestro amor y nuestra alegría porque él está en medio de nosotros. Su sonrisa es el símbolo del amor que nos da la certeza de que somos amados.

## 13
# El amor de Dios es humilde

La estrella que acompaña a los Reyes Magos durante el camino los introduce en el misterio. Guiados por el Espíritu, reconocen que los criterios de Dios son muy distintos a los de los humanos: Dios no se manifiesta en la potencia de este mundo, sino que nos habla en la humildad de su amor. El amor de Dios es grande, sí. El amor de Dios es potente, sí. Pero el amor de Dios es humilde, muy humilde. De ese modo, los Reyes Magos son modelos de conversión a la verdadera fe porque han dado más crédito a la bondad de Dios que al aparente esplendor del poder.

14

# El poder de Dios es el amor

La palabra de Cristo es poderosa: no tiene el poder del mundo, sino el de Dios, que es fuerte en la humildad, también en la debilidad. Su poder es el del amor: un amor que no conoce confines, un amor que nos hace amar a los demás antes que a nosotros mismos. La palabra de Jesús, el santo Evangelio, nos enseña que los auténticos bienaventurados son los pobres de espíritu, los no violentos, los mansos, los agentes de paz y de justicia. Esta es la palabra que da fuerza y es capaz de cambiar el mundo. No hay otro camino para cambiar el mundo.

15

# El amor hecho carne

La gracia que ha aparecido en el mundo es Jesús, nacido de María Virgen, Dios y hombre verdadero. Ha venido a nuestra historia, ha compartido nuestro camino. Ha venido para librarnos de las tinieblas y darnos la luz. En él ha aparecido la gracia, la misericordia, la ternura del Padre: Jesús es el amor hecho carne. No es solamente un maestro de sabiduría, no es un ideal al que tendemos y del que nos sabemos por fuerza distantes. Jesús es el sentido de la vida y de la historia que se ha asentado entre nosotros.

16

# Transformados por el amor

El Salvador es capaz de transformar nuestra vida con su gracia, con la fuerza del Espíritu Santo, con la fuerza del amor. El Espíritu Santo infunde en nuestro corazón el amor de Dios, fuente inagotable de purificación, de vida nueva y de libertad. La Virgen María vivió en plenitud esta realidad, dejándose "bautizar" por el Espíritu Santo que la inundó de su poder. Que ella, que preparó la venida del Cristo con la totalidad de su existencia, nos ayude a seguir su ejemplo y guíe nuestros pasos al encuentro con el Señor.

## 17
# El gesto de amor más grande de Dios

La gracia de Dios "apareció" en Jesús, a quien la Virgen María dio a luz como cualquier niño de este mundo. Pero no ha venido "de la tierra", ha venido "del cielo", de Dios. De esta manera, con la encarnación del Hijo, Dios nos ha abierto el camino de la vida nueva, fundada no sobre el egoísmo sino sobre el amor. El nacimiento de Jesús es el gesto de amor más grande de nuestro Padre del Cielo.

De aquí derivamos el entusiasmo, nuestra esperanza de cristianos, que en nuestra pobreza sabemos que somos amados, visitados y acompañados por Dios. Y miramos al mundo y la historia como el lugar donde caminar juntos con él y entre nosotros, hacia los cielos nuevos y la tierra nueva.

# 18
# Amor compasivo

Jesús, con sus discípulos, está llegando precisamente a Naín, un poblado de Galilea, justo en el momento que tiene lugar un funeral. Llevan a sepultar a un joven, hijo único de una mujer viuda. La mirada de Jesús se fija inmediatamente en la madre que llora. Dice el evangelista Lucas: "Al verla el Señor, se compadeció de ella" (Lc 7:13). Esta "compasión" es el amor de Dios por la humanidad. Es la misericordia, es decir, la actitud de Dios en contacto con la miseria humana, con nuestra indigencia, nuestro sufrimiento y nuestra angustia. El término bíblico *compasión* remite a las entrañas maternas. La madre, en efecto, experimenta una reacción que le es propia ante el dolor de los hijos. Así nos ama Dios, dice la Escritura. ¿Y cuál es el fruto de este amor, de esta misericordia? ¡Es la vida!

# 19
# El amor misericordioso de Dios

La palabra *misericordia* está compuesta por dos palabras: *miseria* y *corazón*. El *corazón* indica la capacidad de amar; la *misericordia* es el amor que abraza la miseria de la persona. Es el amor que "siente" nuestra indigencia como si fuera propia, para liberarnos de ella. "El Verbo se hizo carne", quiso experimentar nuestra condición humana, hasta cargar en la cruz con todo el dolor de la existencia humana. Es tal el abismo de compasión y misericordia de Dios: un anonadarse para convertirse en compañía y servicio a la humanidad herida.

20

# El amor se multiplica

En Jesucristo, Dios nos llama a imitar su modo mismo de amar: "Como yo os he amado, amaos también unos a otros" (Jn 13:34). En la medida en que los cristianos viven este amor, se convierten en el mundo en verdaderos discípulos de Cristo. El amor no puede soportar el hecho de permanecer encerrado en sí mismo. Por su misma naturaleza es abierto, se difunde y es fecundo y genera siempre nuevo amor.

## 21
# Amar como ama Dios

Ser cristianos no significa principalmente pertenecer a una cierta cultura o adherirse a una cierta doctrina. Ser cristianos más bien significa vincular la propia vida, en cada uno de sus aspectos, a la persona de Jesús y, a través de él, al Padre. Para esto Jesús promete la efusión del Espíritu Santo a sus discípulos. Precisamente gracias al Espíritu Santo, amor que une al Padre y al Hijo y de ellos procede, todos podemos vivir la vida misma de Jesús. El Espíritu, en efecto, nos enseña todo, o sea la única cosa indispensable: amar como ama Dios.

22

# El amor supera nuestras diferencias

La Palabra del Señor nos llama a amarnos unos a otros, incluso si no siempre nos entendemos y no siempre estamos de acuerdo. Porque es precisamente allí, en nuestras incongruencias, donde se ve el amor cristiano. Un amor que se manifiesta aun cuando existen diferencias de opinión o de carácter. ¡El amor es más grande que estas diferencias! Este es el amor que nos ha enseñado Jesús. Es un amor redimido, liberado del egoísmo. Un amor que da alegría a nuestro corazón, como dice Jesús mismo: "Os he hablado de esto para que mi alegría esté en vosotros, y vuestra alegría llegue a plenitud" (Jn 15:11).

## 23
# Todos estamos incluidos en el amor de Dios

La inclusión, un aspecto de la misericordia, se manifiesta en abrir los brazos para acoger a los demás sin excluir a nadie o calificar al otro por su nivel social, lenguaje, raza, cultura o religión. La persona que encontramos en el lugar de empleo o en nuestra comunidad es una persona para amar como ama Dios. Algunos dirán: "pero es de ese o aquel país, o es de esta o aquella religión . . .". Al final, es una persona que Dios ama y a quien debo amar. Esto es lo que significa incluir. Esto es la inclusión.

24

# Amor inagotable

El Viernes Santo es el momento culminante del amor. La muerte de Jesús, que en la cruz se abandona al Padre para ofrecer la salvación al mundo entero, expresa el amor donado hasta el final sin fin. Un amor que busca abrazar a todos, sin excepción. Un amor que se extiende a todo tiempo y a todo lugar: una fuente inagotable de Salvación a la cual cada uno de nosotros, pecadores, puede acceder. Si Dios nos ha demostrado su amor supremo en la muerte de Jesús, entonces también nosotros, regenerados por el Espíritu Santo, podemos y debemos amarnos los unos a los otros.

# 25
# Amar a quien no nos ama

No se puede medir el amor de Dios. ¡El amor de Dios no tiene medida! Y así llegamos a ser capaces de amar también nosotros a quien no nos ama: esto no es fácil. Porque si nosotros sabemos que una persona no nos quiere, también nosotros nos inclinamos a no quererla. Y, en cambio, no. Debemos amar también a quien no nos ama. Debemos oponernos al mal con el bien, perdonar, compartir, acoger. Gracias a Jesús y a su Espíritu, también nuestra vida llega a ser "pan partido" para nuestros hermanos.

Viviendo así descubrimos la verdadera alegría. La alegría de convertirnos en don, para corresponder al gran don que nosotros hemos recibido antes, sin mérito de nuestra parte. Esto es imitar a Jesús. Quisiera recordar estas dos cosas: la medida del amor de Dios es amar sin medida. Y nuestra vida, con el amor de Jesús, al recibir la Eucaristía, se hace don.

26

# El amor es el signo de un cristiano

Es el amor el signo concreto que manifiesta la fe en Dios Padre, Hijo y Espíritu Santo. Es el amor el distintivo del cristiano, como nos dijo Jesús: "En esto conocerán todos que sois discípulos míos: si os amáis unos a otros" (Jn 13:35). Es una contradicción pensar en cristianos que se odian. El diablo busca siempre esto: hacernos odiar, porque él siembra siempre la cizaña del odio; él no conoce el amor, el amor es de Dios.

## 27
# El amor inspira la evangelización

La primera motivación para evangelizar es el amor de Jesús que hemos recibido, esa experiencia de ser salvados por él que nos mueve a amarlo siempre más. Pero, ¿qué amor es ese que no siente la necesidad de hablar del ser amado, de mostrarlo, de hacerlo conocer? Si no sentimos el intenso deseo de comunicarlo, necesitamos detenernos en oración para pedirle a él que vuelva a cautivarnos. Nos hace falta clamar cada día, pedir su gracia para que nos abra el corazón frío y sacuda nuestra vida tibia y superficial.

# 28
# El amor estimula la conversión

Jesús persuadía a la gente con la amabilidad, con el amor. Con este comportamiento, Jesús llegaba a lo más profundo del corazón de las personas que se sentían atraídas por el amor de Dios e impulsadas a cambiar de vida. Por ejemplo, las conversiones de Mateo (Mt 9:9–13) y de Zaqueo (Lc 19:1–10) sucedieron exactamente de esta manera, porque se sintieron amados por Jesús y, a través de él, por el Padre. La verdadera conversión se da cuando acogemos el don de la gracia. Una señal clara de su autenticidad es el hecho de que nos damos cuenta de las necesidades de los hermanos y estamos preparados para salir a su encuentro.

## 29
# El amor se encuentra en el servicio humilde

Cuando Jesús con su compasión y su amor nos da una gracia, nos perdona los pecados, nos abraza, nos ama. No hace las cosas a medias, sino completamente. Jesús llena nuestro corazón y nuestra vida de su amor, de su perdón, de su compasión. Jesús, por lo tanto, ha permitido a sus discípulos seguir su orden. De esta manera ellos conocen la vía que hay que recorrer: dar de comer al pueblo y mantenerlo unido, es decir, estar al servicio de la vida y de la comunión.

El amor, por lo tanto, es el *servicio concreto* que nos damos los unos a los otros. El amor no es palabras, es obras y servicio: un *servicio humilde*, hecho en el silencio y escondido. Como Jesús mismo dijo: "Que no sepa tu mano izquierda lo que hace tu derecha" (Mt 6:3). El servicio humilde implica poner a disposición los dones que el Espíritu Santo nos ha dado, para que la comunidad pueda crecer (1 Cor 12:4–11). Además, el servicio humilde se expresa en el compartir los bienes materiales, para que nadie tenga necesidad. Este gesto de compartir y de dedicarse a los necesitados es un estilo de vida que Dios sugiere, incluso a los no cristianos, como un camino de auténtica humanidad.

# 30
# La unción con amor del Espíritu Santo

El Espíritu Santo *unge*. Ha ungido interiormente a Jesús y unge a los discípulos para que tengan los mismos sentimientos de Jesús, y puedan así asumir en su vida las actitudes que favorecen la paz y la comunión. Con la unción del Espíritu, la santidad de Jesucristo se imprime en nuestra humanidad y nos hace capaces de amar a los hermanos y hermanas con el mismo amor con que Dios nos ama.

## 31
# El servicio difunde la práctica del amor

Pienso con gratitud en los comedores donde tantos voluntarios ofrecen su servicio, dando de comer a personas solas, necesitadas, sin trabajo o sin casa. Estos comedores y otras obras de misericordia —como visitar a los enfermos, a los presos— son gimnasios de caridad que difunden la cultura de la gratuidad. Todos los que trabajan allí están impulsados por el amor de Dios e iluminados por la sabiduría del Evangelio. De esta manera el servicio a los demás se convierte en testimonio de amor, que hace creíble y visible el amor de Cristo.

# 32
# Amor hasta el extremo

El primer gesto de este amor "hasta el extremo" (Jn 13:1) es de Jesús lavando los pies a los discípulos. "El Maestro y el Señor" (Jn 13:14) se baja hasta los pies de los discípulos, como solamente hacían lo siervos. Jesús nos ha enseñado con el ejemplo que nosotros tenemos necesidad de dejar ser alcanzados por su amor, que se vuelca sobre nosotros. No podemos amar sin dejarnos amar antes por él, sin experimentar su sorprendente ternura y sin aceptar que el amor verdadero consiste en el servicio concreto.

## 33
# Simples gestos de amor

Son muchos los pequeños y grandes gestos que obedecen al mandamiento del Señor: "Que os améis unos a otros, como yo os he amado" (Jn 15:12). Gestos pequeños, de todos los días, gestos de cercanía —a un anciano, a un niño, a un enfermo, a una persona sola y con dificultades, sin casa, sin trabajo, inmigrante, refugiada— manifiestan el amor que Cristo nos ha enseñado. Gracias a la fuerza de esta Palabra de Cristo, cada uno de nosotros puede hacerse prójimo del hermano y la hermana que encuentra.

34

# El mandamiento más grande

El amor a Dios y al prójimo es el mandamiento más grande del Evangelio. El Señor hoy nos llama a corresponder generosamente a la llamada evangélica, al amor, poniendo a Dios en el centro de nuestra vida y dedicándonos al servicio de los hermanos, especialmente a los más necesitados de apoyo y consuelo.

## 35
# Amor que se hace servicio

El Jueves Santo Jesús instituye la Eucaristía, anticipando en el banquete pascual su sacrificio en el Gólgota. Para hacer comprender a sus discípulos el amor que lo anima, Jesús les lava los pies, ofreciendo una vez más el ejemplo de cómo ellos mismos debían actuar. La Eucaristía es el amor que se hace servicio. Es la presencia sublime de Cristo que desea alimentar a cada persona, sobre todo a las más débiles, para hacerlos capaces de un camino de testimonio entre las dificultades del mundo.

## 36
# Personificar el amor tierno de Dios

El Señor nos dice: "En esto todos reconocerán que ustedes son mis discípulos: en el amor que se tengan los unos a los otros" (Jn 13:35). La fe nos abre a tener un amor concreto, no de ideas, sino concreto, de obras; un amor de manos tendidas, de compasión, que sabe construir y reconstruir la esperanza cuando parece que todo se pierde. Así nos volvemos partícipes de la acción divina, esa que nos describe el apóstol Juan cuando nos muestra a Dios que enjuga las lágrimas de sus hijos. Y esta tarea divina Dios la hace con la misma ternura con la que una madre busca secar las lágrimas de sus hijos. Qué linda pregunta la que nos puede hacer el Señor a cada uno de nosotros al final del día: ¿cuántas lágrimas has secado hoy?

37

# Servir al ser querido que sufre

Él nos dice: "Cada vez que lo hicisteis con uno de estos, mis hermanos más pequeños, conmigo lo hicisteis" (Mt 25:40). Estos hermanos más pequeños, sus predilectos, son el hambriento y el enfermo, el forastero y el encarcelado, el pobre y el abandonado, el que sufre sin ayuda y el necesitado descartado. Sobre sus rostros podemos imaginar impreso el rostro de Jesús; sobre sus labios, incluso si están cerrados por el dolor, sus palabras: "Esto es mi cuerpo" (Mt 26:26).

38

# Invertir en el amor

Jesús llama a la puerta de nuestro corazón a través de los pobres, que sedientos, nos piden amor. Cuando vencemos la indiferencia y en el nombre de Jesús nos prodigamos por sus hermanos más pequeños, somos sus amigos buenos y fieles, con los que él ama estar.

Acercarnos a quienes son más pobres entre nosotros tocará nuestra vida. Nos recordará lo que verdaderamente cuenta: amar a Dios y al prójimo. Solo esto dura para siempre, todo el resto pasa. Lo que invertimos en amor es lo que permanece. El resto desaparece.

## 39
# Ganar en la tierra o el cielo

Hoy podemos preguntarnos: "¿Qué cuenta para mí en la vida? ¿En qué invierto? ¿En la riqueza que pasa, de la que el mundo nunca está satisfecho, o en la riqueza de Dios, que da la vida eterna?". Esta es la elección que tenemos delante: vivir para tener en esta tierra o dar para ganar el cielo. Porque para el cielo no vale lo que se *tiene*, sino lo que se *da*, y "el que acumula tesoro para sí" no se hace "rico para con Dios" (Lc 12:21).

40

# Amor que no muere

La Eucaristía comunica el amor del Señor por nosotros: un amor tan grande que nos nutre de sí mismo. Un amor gratuito, siempre a disposición de toda persona hambrienta y necesitada de regenerar las propias fuerzas. Vivir la experiencia de la fe significa dejarse alimentar por el Señor y construir la propia existencia no sobre los bienes materiales, sino sobre la realidad que no perece: los dones de Dios, su Palabra y su Cuerpo.

41

# El secreto del amor

Siempre existe la tentación de contaminar el afecto con la pretensión instintiva de tomar, de "poseer" aquello que nos gusta. Esto es egoísmo. La cultura consumista refuerza esta tendencia. Pero cualquier cosa, cuando se exprime demasiado, se desgasta, se estropea; después quedamos decepcionados y vacíos por dentro. Si escuchamos la voz del Señor, nos revelará el secreto del amor: *interesarse* por otra persona, quiere decir respetarla, protegerla, esperarla. La manifestación de la ternura y del amor en obras es el secreto del amor.

42

# Los mandamientos del amor

En definitiva, se trata de cumplir aquello que pedían los dos últimos mandamientos de la Ley de Dios: "No codiciarás los bienes de tu prójimo. No codiciarás la mujer de tu prójimo, ni su esclavo, ni su esclava, ni su buey, ni su asno, ni nada que sea de él" (Ex 20:17). El amor nos lleva a una sentida valoración de cada ser humano, reconociendo su derecho a la felicidad. Significa amar a esa persona, mirarla con la mirada de Dios Padre, que nos regala todo "para que lo disfrutemos" (1 Tm 6:17).

Como resultado de este amor sentimos profundamente en nuestro interior que podemos disfrutar de un buen momento feliz y pacífico. Esta misma raíz del amor es lo que nos lleva a rechazar la injusticia de que algunos tengan demasiado y otros no tengan nada. Nos mueve también a buscar que los marginados de la sociedad puedan vivir un poco de alegría. Esto no es envidia, sino deseos de equidad.

## 43
# El amor no tiene precio

No se contenten con la mediocridad, con solo sobrevivir, estando cómodos y acomodados. No confíen en quienes los distraigan de la verdadera riqueza, *que son ustedes*, cuando les digan que la vida es bonita solo si se tienen muchas cosas. Desconfíen de quienes les quieran hacer creer que son valiosos cuando se hagan pasar por fuertes, como los héroes de las películas, o cuando vayan vestidos a la última moda. Su felicidad no tiene precio y no se negocia. No es una aplicación que se descarga en el teléfono móvil: ni siquiera la versión más reciente podrá ayudaros a ser libres y grandes en el amor. El amor de Dios es enteramente otra cosa, es libre y abundante y no se puede comprar.

44

# El amor no tiene ataduras

El señor nos enseña a hacer más hermosos también el afecto y la ternura. Nos pone en el corazón una intención buena, esa de *amar sin poseer*: de querer a las personas sin desearlas como algo propio, sino dejándolas libres. Porque el amor es libre. No existe amor verdadero si no es libre. Esa es la libertad que el Señor nos da cuando nos ama. Él siempre está junto a cada uno de nosotros.

## 45
# El amor no se gana

Ninguno de nosotros puede vivir sin amor. Y una fea esclavitud en la que podemos caer es la de creer que el amor hay que merecerlo. Quizá gran parte de nuestra angustia contemporánea deriva de eso: creer que si no somos fuertes, atractivos y guapos, entonces nadie se ocupará de nosotros. Muchas personas hoy buscan una visibilidad solo para colmar un vacío interior, como si fuéramos personas eternamente necesitadas de confirmaciones.

Pero, ¿podemos imaginar un mundo donde todos mendigan motivos para suscitar la atención de los otros, y sin embargo ninguno está dispuesto a querer gratuitamente a otra persona? ¡Un mundo sin la gratuidad del querer! Puede que parezca ser un mundo humano, pero en realidad es un infierno. Muchos de nuestros narcisismos nacen de un sentimiento de soledad y de orfandad. Detrás de muchos comportamientos aparentemente inexplicables se esconde una pregunta: ¿es posible que yo no merezca ser amado?

En Jesucristo, todos somos queridos, todos somos amados, todos somos deseados.

46

# Nuestra hambre de amor

Además del hambre física, llevamos dentro otra hambre, un hambre que no puede ser saciada con el alimento ordinario. Es hambre de vida, hambre de amor, hambre de eternidad. Y el signo del maná —como toda la experiencia del éxodo— contenía en sí también esta dimensión: era figura de un alimento que satisface esta profunda hambre que hay en la humanidad. Jesús nos da este alimento, es más, es *él mismo el pan vivo* que da la vida al mundo (Jn 6:51). Su Cuerpo es el verdadero alimento bajo la especie del pan; su Sangre es la verdadera bebida bajo la especie del vino. No es un simple alimento con el cual saciar nuestro cuerpo, como el maná. El Cuerpo de Cristo es el pan de los últimos tiempos, capaz de dar vida, y vida eterna, porque la esencia de este pan es el amor.

# 47
# Amor hacia el hijo pródigo

Cuanto más grande es el pecado, mayor debe ser el amor que la Iglesia expresa hacia quienes se convierten. ¡Con cuánto amor nos mira Jesús! ¡Con cuánto amor cura nuestro corazón pecador! Jamás se asusta de nuestros pecados. Pensemos en el hijo pródigo que, cuando decidió volver al padre, pensaba hacerle un discurso, pero el padre no lo dejó hablar, solo lo abrazó (Lc 15:17–24). Así es Jesús con nosotros. "Padre, tengo muchos pecados . . .". "Pero él estará contento si tú vas: ¡te abrazará con mucho amor! No tengas miedo".

48

# El amor y la amistad

En la Última Cena, Jesús dice así: "Este es mi mandamiento: que os améis unos a otros, como yo os he amado" (Jn 15:12). Y, pensando en el sacrificio de la cruz ya inminente, añade: "Nadie tiene amor más grande que el que da la vida por sus amigos. Vosotros sois mis amigos si hacéis lo que yo os mando" (vv. 13–14). Estas palabras resumen todo el mensaje de Jesús; es más, resumen todo lo que él hizo: Jesús dio la vida por sus amigos. Amigos que no lo habían comprendido, que en el momento crucial lo abandonaron, traicionaron y renegaron. Esto nos dice: que él nos ama aun sin ser merecedores de su amor. ¡Así nos ama Jesús!

## 49

# Tomar el amor de Jesús

Jesús está ahí en la cruz para estar con los culpables. A través de esta cercanía, él les ofrece la salvación. Lo cual es un escándalo para los jefes y para el primer ladrón, para los que estaban ahí y se burlaban de Jesús. Sin embargo, ese es el fundamento de la fe del buen ladrón. Y así el buen ladrón se convierte en testigo de la gracia, cuando le ha ocurrido lo impensable: *Dios me ha amado hasta tal punto que ha muerto en la cruz por mí.* La fe misma de este hombre es fruto de la gracia de Cristo. Es verdad, era ladrón, era un criminal, había robado toda su vida. Pero al final, arrepentido de lo que había hecho, mirando a Jesús tan bueno y misericordioso logró *robarse* el cielo. ¡Este es un buen ladrón!

## 50
# Amor infinito

Jesús, en el culmen del dolor, revela el rostro auténtico de Dios, que es misericordia. Perdona a sus verdugos, abre las puertas del paraíso al ladrón arrepentido y toca el corazón del centurión. Si el misterio del mal es abismal, infinita es la realidad del amor que lo ha atravesado, llegando hasta el sepulcro y los infiernos. Jesús asume todo nuestro dolor para redimirlo, lleva luz donde hay tinieblas, vida donde hay muerte, amor donde hay odio.

# 51
# La mirada ardiente de amor de Jesús

Cuando nos detenemos ante Jesús crucificado, reconocemos la profundidad de su amor que nos dignifica y nos sostiene. Pero allí mismo, si no somos ciegos, empezamos a percibir que esa mirada de Jesús se amplía y se dirige llena de cariño y de amor ardiente hacia todo su pueblo. Así redescubrimos que él nos quiere tomar como instrumentos para llegar cada vez más cerca de su pueblo amado. Nos toma en medio del pueblo y nos envía al pueblo, de tal modo que nuestra identidad no se entiende sin esta pertenencia.

## 52
# La amorosa mirada de María

Desde la cruz Jesús mira a su Madre y le confía al apóstol Juan, diciendo: "Este es tu hijo". En Juan estamos todos . . . y la mirada de amor de Jesús nos confía a la custodia maternal de la Madre. María habrá recordado otra mirada de amor, cuando era una muchacha: la mirada de Dios Padre, que había mirado su humildad, su pequeñez. María nos enseña que Dios no nos abandona, puede hacer cosas grandes incluso con nuestra debilidad. Tengamos confianza en él. ¡Llamemos a la puerta de su corazón!

# 53
# Amor silencioso

El Sabado Santo Dios calla, pero por amor. En este día el amor —ese amor silencioso— se vuelve espera de la vida en la Resurrección. Nos hará bien pensar en el silencio de la Virgen, "la Creyente", que en silencio esperaba la Resurrección. La Virgen deberá ser el icono para nosotros de ese Sábado Santo. Pensemos en cómo la Virgen vivió ese Sábado Santo; en espera. Es el amor que no duda, sino que espera en la palabra del Señor, para que se haga manifiesta y resplandeciente el día de Pascua.

## 54
# María es fuente de amor verdadero

Nuestro camino de fe está unido de manera indisoluble a María desde el momento en que Jesús, muriendo en la cruz, nos la ha dado como Madre al decir: "He ahí a tu madre" (Jn 19:27). Desde ese momento, la Madre de Dios se convierte también en nuestra Madre. En aquella hora en la que la fe de los discípulos se agrietaba por tantas dificultades e incertidumbres, Jesús los confió a aquella que fue la primera en creer, y cuya fe no decaería jamás. Y María se convierte en nuestra Madre en el momento en el que pierde al Hijo divino. Y su corazón herido se ensancha para acoger a todas las personas, buenas y malas, y las ama como las amaba Jesús.

La mujer que en las bodas de Caná de Galilea había cooperado con su fe a la manifestación de las maravillas de Dios en el mundo, en el Calvario mantiene encendida la llama de la fe en la Resurrección de su Hijo, y la comunica con afecto materno a los demás. María se convierte así en fuente de esperanza y de verdadera alegría para nosotros.

55

# Jesús murió por amor

Jesús no vive de modo pasivo el amor que conduce al sacrificio. Tampoco considera su sacrificio como un destino fatal. Ciertamente no esconde su profunda turbación humana ante la muerte violenta, sino que se entrega con plena confianza al Padre. Jesús se entregó voluntariamente a la muerte para corresponder al amor de Dios Padre, en perfecta unión con su voluntad, para demostrar su amor por nosotros. En la cruz, Jesús "me amó y se entregó por mí" (Ga 2:20). Cada uno de nosotros puede decir: "Me amó y se entregó por mí". Cada uno puede decir esto: "por mí".

56

# El camino del amor verdadero es el sacrificio

Jesús en la cruz siente todo el peso del mal, y con la fuerza del amor de Dios lo vence. Lo derrota en su Resurrección. Este es el bien que Jesús nos hace a todos en el trono de la cruz. La cruz de Cristo, abrazada con amor, nunca conduce a la tristeza sino a la alegría, a la alegría de ser salvados y de hacer un poquito eso que ha hecho Jesús aquel día de su muerte.

La tentación es querer seguir a un Cristo sin cruz. Pero Jesús nos recuerda que su vía es la vía del amor, y no existe el verdadero amor sin sacrificio de sí mismo. Estamos llamados a no dejarnos absorber por la visión de este mundo, sino a ser cada vez más conscientes de la necesidad y de la fatiga para nosotros los cristianos de caminar siempre a contracorriente y cuesta arriba.

57

# El amor desde la cruz

Para el cristiano, hablar de potencia y de fuerza significa hacer referencia a la potencia de la cruz y a la fuerza del amor de Jesús: un amor que permanece firme e íntegro, incluso ante el rechazo, y que aparece como la realización última de una vida dedicada a la total entrega de uno mismo en favor de la humanidad.

Quien mira la cruz de Cristo no puede dejar de ver la sorprendente gratuidad del amor. Alguno de ustedes podría decir: "Pero padre, ¡esto ha sido un fracaso!". Es precisamente en el fracaso del pecado, en el fracaso de la ambición humana, donde se encuentra el triunfo de la cruz. Ahí está la gratuidad del amor.

## 58
# La abundancia del amor de Dios

Si observamos la historia de la Salvación, vemos que toda la revelación de Dios es la historia de su incesante e incansable amor por nosotros. Dios es como un padre o como una madre que ama con amor infinito y lo derrama con generosidad sobre cada criatura. La muerte de Jesús en la cruz es la culminación de la historia de amor de Dios con la humanidad. Un amor tan grande que solo Dios puede realizarlo.

59

# El amor de Cristo siempre triunfa

La historia del pecado se comprende solo a la luz del amor que perdona. Si todo quedara relegado al pecado, seríamos los más desesperados de entre las criaturas, mientras que la promesa de la victoria del amor de Cristo encierra todo en la misericordia del Padre. Él es el que nos busca. Él es el que sale a nuestro encuentro. Cuánto se ofende a Dios y a su gracia cuando se afirma sobre todo que los pecados son castigados por su juicio, en vez de destacar que son perdonados por su misericordia (cf. san Agustín, *De praedestinatione sanctorum* 12, 24). Abandonemos toda forma de miedo y temor, porque no es propio de quien es amado.

## 60
# El signo vivo del amor de Dios

En la fragmentación de la vida, el Señor sale a nuestro encuentro con una fragilidad amorosa que es la Eucaristía. La Eucaristía es *el memorial del amor* de Dios. Ahí "se celebra el memorial de su pasión" (*Solemnidad del Santísimo Cuerpo y Sangre de Cristo*, Antífona al Magníficat de las II Vísperas), del amor de Dios por nosotros, que es nuestra fuerza, el apoyo para nuestro caminar. Por eso, nos hace tanto bien el memorial eucarístico: no es una memoria abstracta, fría o conceptual, sino la memoria viva y consoladora del amor de Dios. Memoria reminiscente y mimética.

La Eucaristía nos anima: incluso en el camino más accidentado no estamos solos. El Señor no se olvida de nosotros y cada vez que vamos a él nos conforta con amor.

## 61
# El acto supremo de amor

Cristo es la plenitud de la vida y cuando afrontó la muerte, la derrotó para siempre. La Pascua de Cristo es la victoria definitiva sobre la muerte, porque él trasformó su muerte en un supremo acto de amor. ¡Murió por amor! Y en la Eucaristía, él quiere comunicarnos su amor pascual, victorioso. Si lo recibimos con fe, también nosotros podemos amar verdaderamente a Dios y al prójimo. Podemos amar como él nos ha amado, dando la vida.

Si el amor de Cristo está en nosotros, podemos darnos plenamente al otro, en la certeza interior de que incluso si el otro nos hiriera, no moriríamos. Los mártires dieron la vida precisamente por esta certeza de la victoria de Cristo sobre la muerte. Solo si experimentamos este poder de Cristo, el poder de su amor, somos verdaderamente libres de darnos sin miedo.

62

# Dar la vida por amor

Jesús nos enseña que solo cuando perdemos la vida por amor a él es cuando realmente la ganamos (Lc 9:24). Es esta la revolución que Pablo vivió, y es también la revolución cristiana de todos los tiempos: no vivir para nosotros mismos, para nuestros intereses y beneficios personales, sino a imagen de Cristo, *por* él y *según* él, *con* su amor y *en* su amor.

63

# Rendirse a la bondad del amor

El don del *temor de Dios* no significa tener miedo de Dios. Sabemos bien que Dios es Padre y que nos ama y quiere nuestra Salvación, y siempre perdona, siempre; por lo cual no hay motivo para tener miedo de él. El temor de Dios, en cambio, es el don del Espíritu Santo que nos recuerda cuán pequeños somos ante Dios y su amor, y que nuestro bien está en abandonarnos con humildad, con respeto y confianza en sus manos. Esto es el temor de Dios: el abandono en la bondad de nuestro Padre que nos quiere mucho.

64

# Rendirse a la promesa del amor

Fundados en el amor, hombre y mujer pueden prometerse amor mutuo con un gesto que compromete toda la vida y que recuerda tantos rasgos de la fe. Prometer un amor para siempre es posible cuando se descubre un plan que sobrepasa los propios proyectos, que nos sostiene y nos permite entregar totalmente nuestro futuro a la persona amada.

## 65
# Amar más allá de nosotros mismos

El sacramento del matrimonio es un gran acto de fe y de amor: testimonia la valentía de creer en la belleza del acto creador de Dios. Además, implica vivir ese amor que impulsa a ir cada vez más allá, más allá de nosotros mismos y también más allá de nuestra familia misma. La vocación cristiana a amar sin reservas y sin medida es lo que, con la gracia de Cristo, está en la base que constituye el matrimonio.

66

# El amor está fundado en la verdad

El amor verdadero, a medida del amor divino, exige la verdad y en la mirada común de la verdad que es Jesucristo, adquiere firmeza y profundidad.

Solo mientras esté fundado en la verdad, el amor puede perdurar en el tiempo, superar la fugacidad del instante y permanecer firme para dar consistencia a un camino en común. Si el amor no se fundamenta en la verdad, está sujeto al vaivén de los sentimientos y no supera la prueba del tiempo.

# 67
# Amor y verdad no se pueden separar

Si el amor necesita la verdad, también la verdad tiene necesidad del amor. Amor y verdad no se pueden separar. Sin amor, la verdad se vuelve fría, impersonal, opresiva para la vida concreta de la persona. La verdad que buscamos, la que da sentido a nuestros pasos, nos ilumina cuando el amor nos toca. Quien ama comprende que el amor es experiencia de verdad, que este amor nos abre los ojos para ver toda la realidad de modo nuevo, en unión con la persona amada.

## 68
# El matrimonio refleja el amor de Dios

Cuando un hombre y una mujer celebran el sacramento del matrimonio, Dios se refleja en ellos. Dios imprime en ellos los propios rasgos y el carácter indeleble de su amor. El matrimonio es la imagen del amor de Dios por nosotros. También Dios, en efecto, es comunión: las tres Personas del Padre, Hijo y Espíritu Santo viven desde siempre y para siempre en unidad perfecta. Y es precisamente éste el misterio del matrimonio: Dios hace de los dos esposos una sola existencia.

## 69
# Cuando el amor se agota

El amor de Jesús, que ha bendecido y consagrado la unión de los esposos, es capaz de mantener el amor de la pareja y de renovarlo cuando humanamente se pierde, se hiere o se agota. El amor de Cristo puede devolver a los esposos la alegría de caminar juntos. Eso es el matrimonio: un camino en común de un hombre y una mujer, en el que el hombre tiene la misión de ayudar a su mujer a ser mejor mujer, y la mujer tiene la misión de ayudar a su marido a ser mejor hombre. Esta es la misión entre ellos.

## 70
# El don del amor en el matrimonio

El amor de Dios ha sido derramado en nuestro corazón por el Espíritu Santo (Rm 5:5). Y este es también el amor donado a los esposos en el sacramento del matrimonio. Es el amor que alimenta su relación a través de alegrías y dolores, de momentos serenos y difíciles. Es el amor que suscita el deseo de engendrar hijos, de esperarlos, acogerlos, criarlos y educarlos. Es el mismo amor que Jesús manifiesta a los niños: "Dejad que los niños se acerquen a mí: no se lo impidáis, pues de los que son como ellos es el reino de Dios" (Mc 10:14).

71

# Sellados con el amor de Dios

Los hijos son amados antes de haber hecho algo para merecerlo, antes de saber hablar o pensar, incluso antes de venir al mundo. Ser hijos es la condición fundamental para conocer el amor de Dios, que es la fuente última de este auténtico milagro. En el alma de cada hijo, aunque sea vulnerable, Dios pone el sello de este amor, que es el fundamento de su dignidad personal, una dignidad que nada ni nadie podrá destruir.

72

# La promesa de amor para cada niño

A mí me gusta mucho cuando veo a los papás y mamás que me traen a un niño o una niña pequeños. Les pregunto: "¿Cuánto tiempo tiene?". Y me responden: "Tres semanas, cuatro semanas . . . pido que el Señor lo bendiga". Esto también se llama amor. El amor es la promesa que el hombre y la mujer hacen a cada hijo desde que es concebido en el pensamiento. Los niños vienen al mundo y esperan tener confirmación de esta promesa, que esperan de un modo total, confiado, indefenso.

73

# La familia crece en el amor

La Palabra de Dios confía en las manos del varón, de la mujer y de los hijos para que conformen una comunión de personas que sea imagen de la unión entre el Padre, el Hijo y el Espíritu Santo. La actividad generativa y educativa es, a su vez, un reflejo de la obra creadora del Padre. La familia está llamada a compartir la oración cotidiana, la lectura de la Palabra de Dios y la comunión eucarística para hacer crecer el amor y convertirse cada vez más en templo donde habita el Espíritu.

# 74
# El amor fortalece a la familia

¿Cuál es la fuerza que mantiene unida a la familia? El amor. Y quien siembra el amor en nuestro corazón es Dios. Es precisamente el amor de Dios lo que da sentido a los pequeños compromisos cotidianos e incluso ayuda a afrontar las grandes pruebas. Este es el verdadero tesoro de la humanidad. Seguir adelante en la vida con amor, con ese amor que el Señor sembró en el corazón, con el amor de Dios. Este es el verdadero tesoro.

# 75
# Amor en nuestra familia

En la base de todo está el amor, el amor que Dios nos da, que "no es indecoroso ni egoísta; no se irrita; no lleva cuentas del mal. . . . Todo lo excusa, todo lo cree, todo lo espera, todo lo soporta" (1 Cor 13:5–7). Incluso en las mejores familias hay que soportarse, y se necesita mucha paciencia para soportarse. Pero la vida es así. La vida no se construye en un laboratorio, se hace en la realidad.

76

# Debemos aprender cómo amar cada día

Saber amar no es un dato que se adquiere una vez y para siempre. Cada día se debe empezar de nuevo, se debe ejercitar para que nuestro amor hacia los hermanos y las hermanas que encontramos se haga maduro y purificado por esos límites o pecados que lo hacen parcial, egoísta, estéril e infiel. Escuchemos esto: cada día se debe seguir con paciencia la escuela de Cristo. Se debe perdonar y mirar a Jesús, y esto, con la ayuda de este "abogado", que es el Espíritu Santo. Cada día se debe aprender el arte de amar.

77
# El amor nos ayuda a levantarnos

Dios nos ha creado para estar de pie. Hay una canción hermosa que cantan los alpinos cuando suben la montaña que dice así: "En el arte de subir, lo importante no es no caer, sino no permanecer caído". En la vida hay que tener la valentía de levantarse, de dejarse levantar por la mano de Jesús. Esta mano muchas veces viene a través de la mano de un amigo, de la mano de los padres, de la mano de aquellos que nos acompañan en la vida. También el mismo Jesús está allí, en ellos. Así que levantémonos. Dios nos quiere de pie, siempre de pie.

# 78
# El servicio es el criterio del verdadero amor

El servicio es el criterio del verdadero amor. El que ama sirve, se pone al servicio de los demás. Esto se aprende especialmente en la familia, donde nos hacemos por amor servidores unos de otros. En el seno de la familia, nadie es descartado; todos valen lo mismo. Me acuerdo que una vez a mi mamá le preguntaron a cuál de sus cinco hijos quería más. Y ella dijo: "Como los dedos de la mano, si me pinchan este, me duele lo mismo que si me pinchan este". Y en una familia los hijos se quieren como son. Nadie es descartado.

## 79
# Amor en armonia en la familia

Solo Dios sabe crear la armonía de las diferencias. Si falta el amor de Dios, también la familia pierde la armonía, prevalecen los individualismos y se apaga la alegría. La familia que vive la alegría de la fe la comunica espontáneamente. Esa familia es sal de la tierra y luz del mundo. Es levadura para toda la sociedad.

## 80
# El amor une

Hoy puede parecer posible una unión entre las personas en una tarea común, en el compartir la misma suerte, en una meta común. Pero resulta muy difícil concebir una unidad en la misma verdad. Nos da la impresión de que una unión de este tipo se opone a la libertad de pensamiento y a la autonomía del sujeto. En cambio, la experiencia del amor nos dice que precisamente en el amor es posible tener una visión común, que amando aprendemos a ver la realidad con los ojos del otro, y que eso no empobrece nuestra mirada, sino que la enriquece.

81

# Escuchar es amar

Uno le dedica un tiempo gratuito y sin prisa solo a las cosas o a las personas que ama. Dios, a quien amamos, ha querido *hablar*. A partir de ese amor podemos detenernos todo el tiempo que sea necesario con una actitud de discípulo: "Habla, Señor, que tu siervo escucha" (1 Sm 3:9).

82

# Las familias iluminan el amor de Dios

Con el testimonio y también con la palabra, las familias hablan de Jesús a los demás, transmiten la fe, despiertan el deseo de Dios y muestran la belleza del Evangelio y del estilo de vida que nos propone. Así, los matrimonios cristianos pintan el gris del espacio público del color de la fraternidad, de la sensibilidad social, de la defensa de los frágiles, de la fe luminosa, de la esperanza activa. Su fecundidad se amplía y se traduce en miles de maneras de hacer presente el amor de Dios.

## 83
## El amor de las familias en la ciudad

Por falta de amor, por falta de una sonrisa, nuestras ciudades se han convertido en espacios desertificados. Muchas diversiones, muchas cosas para perder el tiempo, para hacer reír, pero falta el amor. La sonrisa de una familia es capaz de vencer esta desertificación de nuestras ciudades. Y esta es la victoria del amor de la familia. Ninguna ingeniería económica o política es capaz de sustituir esta aportación de las familias. El proyecto de Babel edifica rascacielos sin vida. El Espíritu de Dios, en cambio, hace florecer los desiertos (Is 32:15). Tenemos que salir de las torres y de las habitaciones blindadas de las élites, para frecuentar de nuevo las casas y los espacios abiertos de las multitudes, abiertos al amor de la familia.

## 84
# La creación como un don de amor

La Biblia habla de toda la creación como un hermoso trabajo del amor de Dios. El libro del Génesis dice que "Vio Dios todo lo que había hecho, y era muy bueno" (Gn 1:31). Solo al final, Dios "descansó". De esta imagen comprendemos que el amor de Dios, que dio origen al mundo, no fue una decisión improvisada. ¡No! Fue un trabajo hermoso. El amor de Dios creó las condiciones concretas de una alianza irrevocable, sólida, destinada a durar.

## 85
# Amor por el planeta

Una auténtica fe siempre implica un profundo deseo de cambiar el mundo, de transmitir valores, de dejar algo mejor tras nuestro paso por la tierra. Amamos este magnífico planeta donde Dios nos ha puesto y amamos a la humanidad que lo habita, con todos sus dramas y cansancios, con sus anhelos y esperanzas, con sus valores y fragilidades.

## 86
# Cada vida humana se forma en el amor

El Creador dice a cada uno de nosotros: "Antes que te formaras en el seno de tu madre, yo te conocía" (Jr 1:5). Fuimos concebidos en el corazón de Dios, y por eso "cada uno de nosotros es el fruto de un pensamiento de Dios. Cada uno de nosotros es querido, cada uno es amado, cada uno es necesario" (Papa Benedicto XVI, 24 de abril de 2005). ¡Qué maravillosa certeza es que la vida de cada persona no se pierde en un desesperante caos, en un mundo regido por la pura casualidad o por ciclos que se repiten sin sentido!

87

# Nuestro destino es el amor

Nuestro destino verdadero, nuestra vocación más profunda es ser amados, ser transformados por el amor, ser transformados por la belleza de Dios. Miremos a nuestra Madre y dejémonos mirar por ella, porque es nuestra Madre y nos quiere mucho. Dejémonos mirar por ella para aprender a ser más humildes y también más valientes en el seguimiento de la Palabra de Dios y para aprender a acoger el tierno abrazo de su Hijo Jesús, un abrazo que nos da vida, esperanza y paz.

# 88
# La vocación al amor

La fe no es un refugio para gente pusilánime, sino que ensancha la vida. La fe hace descubrir una gran llamada: la vocación al amor. Asegura que este amor es digno de fe, que vale la pena ponerse en sus manos, porque está fundado en la fidelidad de Dios, más fuerte que todas nuestras debilidades. Cuando nos dejemos guiar por su amor, el horizonte de nuestra vida se ampliará y recibiremos una esperanza sólida que no defraudará.

89

# La luz de amor

La fe cristiana, en tanto que anuncia la verdad del amor total de Dios y abre a la fuerza de este amor, llega al centro más profundo de nuestra experiencia humana. Cada uno de nosotros viene a la luz gracias al amor y está llamado a amar para permanecer en la luz.

90

# El amor da fruto

Dice Jesús: "De estos dos mandamientos penden toda la ley y los profetas" (Mt 22:40). Son los más importantes y los demás dependen de estos dos. Jesús vivió precisamente así su vida: predicando y obrando aquello que verdaderamente cuenta y es esencial, es decir, el amor. El amor da impulso y fecundidad a la vida y al camino de fe: sin amor, tanto la vida como la fe permanecen estériles.

91

# Nuestra historia de amor con Dios

¿Qué hay en el fundamento de nuestra fe? Un acto de misericordia con el cual Jesús nos unió a él. Y la vida cristiana es nuestra respuesta a este amor. Es como la historia de dos enamorados. Dios y la humanidad se encuentran, se buscan, están juntos, se celebran y se aman: precisamente como el amado y la amada en el *Cantar de los cantares*. Todo lo demás surge como consecuencia de esta relación. La Iglesia es la familia de Jesús en la cual derrama su amor. Es este amor que la Iglesia cuida y quiere donar a todos.

92

# El amor de Dios te espera

La alegría de la Iglesia es reflejar la luz de Cristo. La Iglesia es el pueblo de aquellos que experimentaron esta atracción y la llevaron dentro, en el corazón y en la vida. Me gustaría decir sinceramente a aquellos que se sienten alejados de Dios y de la Iglesia, a aquellos que son temerosos e indiferentes: el Señor te llama también a ti, te llama a formar parte de su pueblo y lo hace con gran respeto y amor. El Señor te llama. El Señor te busca. El Señor te espera. El Señor no hace proselitismo. Da amor y este amor te busca, te espera, a ti, que en este momento no crees o estás alejado. Esto es el amor incondicional de Dios.

# 93
# Jesús nos ama sin medida

Por amor, Jesús se hizo humano. Por amor, murió y resucitó. Y por amor, está siempre a nuestro lado, en los momentos bellos y difíciles. Jesús nos ama siempre, hasta el final, sin límites y sin medida. Y nos ama a todos, hasta el punto que cada uno puede decir: "Ha dado su vida por mí". ¡Por mí! La fidelidad de Jesús no se rinde ni siquiera ante nuestra infidelidad. Nos lo recuerda san Pablo, quien escribe: "Si somos infieles, él permanece fiel, porque no puede negarse a sí mismo" (2 Tm 2:13).

94

# El amor de Dios nunca se agota

El corazón del Buen Pastor no es solo el corazón que tiene misericordia de nosotros, sino la misericordia misma. Ahí resplandece el amor del Padre. Ahí nos sentimos seguros de ser acogidos y comprendidos como somos. Ahí, con todas nuestras limitaciones y nuestros pecados, saboreamos la certeza de ser elegidos y amados.

El corazón del Buen Pastor nos dice que su amor no tiene límites: no se cansa y nunca se da por vencido. En él vemos su continua entrega sin confín alguno. En él encontramos la fuente del amor dulce y fiel, que nos libera y nos hace libres. En él volvemos cada vez a descubrir que Jesús nos ama "hasta el extremo" (Jn 13:1); va hasta el final, sin imponerse nunca.

95

# Jesús nos devuelve a nuestros seres amados

Jesús vuelve a dar la vida al joven hijo único de la mamá viuda, dice el Evangelio: "Jesús se lo entregó a su madre" (Lc 7:11–15). ¡Esta es nuestra esperanza! Todos nuestros seres queridos que ya se marcharon, el Señor nos los devolverá y nos encontraremos con ellos. Esta esperanza no defrauda.

En esta fe podemos consolarnos unos a otros, sabiendo que el Señor ha vencido la muerte una vez para siempre. Nuestros seres queridos no han desaparecido en la oscuridad de la nada. La esperanza nos asegura que ellos están en las manos buenas y fuertes de Dios. El amor es más fuerte que la muerte.

## 96
# Rogar por nuestros seres queridos

Rogar por los difuntos es, sobre todo, una muestra de agradecimiento por el testimonio que han dejado y el bien que han hecho. Es un agradecimiento al Señor por habérnoslos donado, y por su amor y su amistad. La Iglesia ruega por los difuntos de manera particular durante la Santa Misa. Dice el sacerdote: "Acuérdate, Señor, de tus hijos, que nos han precedido con el signo de la fe y duermen ya el sueño de la paz. A ellos, Señor, y a cuantos descansan en Cristo, concédeles el lugar del consuelo, de la luz y de la paz" (Canon romano). Un recuerdo simple, eficaz, lleno de significado, porque encomienda a nuestros seres queridos a la misericordia de Dios.

Oremos con esperanza cristiana para que estén con él en el paraíso, en la espera de encontrarnos juntos. Como Jesús nos ha prometido, todos resucitaremos y todos permaneceremos por siempre con él.

97

# El amor nos sustenta más allá de la muerte

Hagamos crecer el amor, hagámoslo más sólido, y nos custodiará hasta el día en que cada lágrima será enjugada, cuando "ya no habrá muerte, ni duelo, ni llanto, ni dolor" (Ap 21:4). Si nos dejamos sostener por esta fe, la experiencia del luto puede generar una solidaridad de los vínculos familiares más fuerte, una nueva apertura al dolor de las demás familias, una nueva fraternidad con las familias que nacen y renacen en la esperanza.

## 98
# La mirada de amor de Jesús

Recuerden siempre esto: la vida es un camino. Un camino para encontrar a Jesús. Al final y para siempre. Un camino donde no encontramos a Jesús, no es un camino cristiano. Es propio del cristiano encontrar siempre a Jesús, mirarlo, dejarse mirar por Jesús, porque Jesús nos mira con amor. Nos ama mucho, nos quiere mucho y nos mira siempre.

99

# La muerte de Cristo abrió el camino para el amor

Verdaderamente el Reino de Jesús no es de este mundo (Jn 18:36). Porque la grandeza de su Reino no es el poder según el mundo, sino el amor de Dios: un amor capaz de alcanzar y restaurar todas las cosas. Por este amor, Cristo se bajó hasta nosotros. Vivió nuestra miseria humana; probó nuestra condición más ínfima: la injusticia, la traición, el abandono. Experimentó la muerte, el sepulcro, los infiernos.

Nuestro Rey fue hasta los confines del universo para abrazar y salvar a todo viviente. No nos ha condenado, ni siquiera conquistado y nunca ha violado nuestra libertad, sino que se ha abierto paso por medio del amor humilde que todo excusa, todo espera, todo soporta (1 Cor 13:7). Sólo este amor ha vencido y sigue venciendo a nuestros grandes adversarios: el pecado, la muerte y el miedo.

# 100
# Jesús no se cansa de amar

En Jueves Santo, Jesús estaba en la mesa con los discípulos, celebrando la fiesta de la Pascua. El pasaje del Evangelio de Juan contiene una frase que es precisamente el centro de lo que hizo Jesús por todos nosotros: "Habiendo amado a los suyos que estaban en el mundo, los amó hasta el extremo" (Jn 13:1). Jesús nos amó. *Jesús nos ama.* Sin límites, siempre, hasta el extremo. Nos ama a todos nosotros hasta el punto de dar la vida por cada uno de nosotros.

Su amor es así: personal. El amor de Jesús nunca defrauda, porque él no se cansa de amar, como no se cansa de perdonar, no se cansa de abrazarnos. Jesús nos amó, a cada uno de nosotros, hasta el extremo.

# Fuentes

**1: El amor se enciende en la oscuridad**
Audiencia general, 1 de abril de 2015
www.vatican.va

**2: El amor de Dios no tiene límites**
Audiencia general, 26 de abril de 2017
www.vatican.va

**3: El amor de Dios nos espera**
Audiencia general, 23 de noviembre de 2016
www.vatican.va
Homilía, 7 de abril de 2013
www.vatican.va

**4: Amor sólido como una roca**
Homilía, 21 de junio de 2015
www.vatican.va

**5: Amor generoso**
Audiencia general, 13 de enero de 2016
www.vatican.va

**6: El amor de Dios es tangible**
Ángelus, 26 de mayo de 2013
www.vatican.va

**7: El amor de Dios está cerca de nosotros**
Ángelus, 15 de junio de 2014
www.vatican.va

**8: El amor de Dios renueva**
Homilía, 21 de junio de 2015
www.vatican.va

**9: El máximo signo de amor**
Homilía, 24 de diciembre de 2014
www.vatican.va

**10: El amor nos apoya en medio de la incertidumbre**
Homilía, 24 de diciembre de 2017
www.vatican.va

**11: El pan de amor**
Homilía, 24 de diciembre de 2016
www.vatican.va

**12: Amar al Niño Jesús**
Audiencia general, 30 de diciembre de 2015
www.vatican.va

**13: El amor de Dios es humilde**
Homilía, 6 de enero de 2015
www.vatican.va

**14: El poder de Dios es el amor**
Homilía, 21 de marzo de 2015
www.vatican.va

**15: El amor hecho carne**
Homilía, 24 de diciembre de 2013
www.vatican.va

**16: Transformados por el amor**
Ángelus, 10 de diciembre de 2017
www.vatican.va

**17: El gesto de amor más grande de Dios**
Audiencia general, 27 de diciembre de 2017
www.vatican.va
Ángelus, 5 de enero de 2014
www.vatican.va

**18: Amor compasivo**
Ángelus, 9 de junio de 2013
www.vatican.va

**19: El amor misericordioso de Dios**
Homilía, 12 de diciembre de 2015
www.vatican.va

**20: El amor se multiplica**
Homilía, 28 de marzo de 2014
www.vatican.va

**21: Amar como ama Dios**
Regina Coeli, 15 de mayo de 2016
www.vatican.va

**22: El amor supera nuestras diferencias**
Regina Coeli, 10 de mayo de 2015
www.vatican.va

**23: Todos estamos incluidos en el amor de Dios**
Audiencia jubilar, 12 de noviembre de 2016
www.vatican.va

**24: Amor inagotable**
Audiencia general, 23 de marzo de 2016
www.vatican.va

**25: Amar a quien no nos ama**
Ángelus, 22 de junio de 2014
www.vatican.va

**26: El amor es el signo de un cristiano**
Ángelus, 15 de junio de 2014
www.vatican.va

**27: El amor inspira la evangelización**
*Evangelii Gaudium*, 264
www.vatican.va

**28: El amor estimula la conversión**
Audiencia jubilar, 18 de junio de 2016
www.vatican.va

**29: El amor se encuentra en el servicio humilde**
Audiencia general, 17 de agosto de 2016
www.vatican.va
Audiencia jubilar, 12 de marzo de 2016
www.vatican.va

**30: La unción con amor del Espíritu Santo**
Homilía, 24 de mayo de 2014
www.vatican.va

**31: El servicio difunde la práctica del amor**
Ángelus, 28 de agosto de 2016
www.vatican.va

**32: Amor hasta el extremo**
Homilía, 20 de marzo de 2016
www.vatican.va

**33: Simples gestos de amor**
Regina Coeli, 10 de mayo de 2015
www.vatican.va

**34: El mandamiento más grande**
Regina Coeli, 21 de mayo de 2017
www.vatican.va

**35: Amor que se hace servicio**
Audiencia general, 23 de marzo de 2016
www.vatican.va

**36: Personificar el amor tierno de Dios**
Homilía, 20 de enero de 2018
www.vatican.va

**37: Servir al ser querido que sufre**
Homilía, 19 de noviembre de 2017
www.vatican.va

**38: Invertir en el amor**
Homilía, 19 de noviembre de 2017
www.vatican.va

**39: Ganar en la tierra o el cielo**
Homilía, 19 de noviembre 2017
www.vatican.va

**40: Amor que no muere**
Homilía, 19 de junio de 2014
www.vatican.va

**41: El secreto del amor**
Homilía, 24 de abril de 2016
www.vatican.va

**42: Los mandamientos del amor**
*Amoris Laetitia*, 96
www.vatican.va

**43: El amor no tiene precio**
Homilía, 24 de abril de 2016
www.vatican.va

**44: El amor no tiene ataduras**
Homilía, 24 de abril de 2016
www.vatican.va

**45: El amor no se gana**
Audiencia general, 14 de junio de 2017
www.vatican.va

**46: Nuestra hambre de amor**
Homilía, 19 de junio de 2014
www.vatican.va

**47: Amor hacia el hijo pródigo**
Homilía, 13 de marzo de 2015
www.vatican.va

**48: El amor y la amistad**
Regina Coeli, 10 de mayo de 2015
www.vatican.va

**49: Tomar el amor de Jesús**
Audiencia general, 28 de septiembre de 2016
www.vatican.va

**50: Amor infinito**
Homilía, 20 de marzo de 2016
www.vatican.va

**51: La mirada ardiente de amor de Jesús**
*Evangelii Gaudium*, 268
www.vatican.va

**52: La amorosa mirada de María**
Homilía, 22 de septiembre de 2013
www.vatican.va

**53: Amor silencioso**
Audiencia general, 23 de marzo de 2016
www.vatican.va

**54: María es fuente de amor verdadero**
Homilía, 1 de enero de 2014
www.vatican.va

**55: Jesús murió por amor**
Audiencia general, 27 de marzo de 2013
www.vatican.va

**56: El camino del amor verdadero es el sacrificio**
Homilía, 24 de marzo de 2013
www.vatican.va
Ángelus, 3 de septiembre de 2017
www.vatican.va

**57: El amor desde la cruz**
Ángelus, 22 de noviembre de 2015
www.vatican.va

**58: La abundancia del amor de Dios**
Audiencia general, 21 de septiembre de 2016
www.vatican.va

**59: El amor de Cristo siempre triunfa**
Homilía, 8 de diciembre de 2015
www.vatican.va

**60: El signo vivo del amor de Dios**
Homilía, 18 de junio de 2017
www.vatican.va

**61: El acto supremo de amor**
Audiencia general, 22 de noviembre de 2017
www.vatican.va

**62: Dar la vida por amor**
Homilía, 25 de enero de 2017
www.vatican.va

**63: Rendirse a la bondad del amor**
Audiencia general, 11 de junio de 2014
www.vatican.va

**64: Rendirse a la promesa del amor**
*Lumen Fidei*, 52
www.vatican.va

**65: Amar más allá de nosotros mismos**
Audiencia general, 6 de mayo de 2015
www.vatican.va

**66: El amor está fundado en la verdad**
*Lumen Fidei*, 47
www.vatican.va
*Lumen Fidei*, 27
www.vatican.va

**67: Amor y verdad no se pueden separar**
*Lumen Fidei*, 27
www.vatican.va

**68: El matrimonio refleja el amor de Dios**
Audiencia general, 2 de abril de 2014
www.vatican.va

**69: Cuando el amor se agota**
Homilía, 14 de septiembre de 2014
www.vatican.va

**70: El don del amor en el matrimonio**
Ángelus, 4 de octubre de 2015
www.vatican.va

**71: Sellados con el amor de Dios**
Audiencia general, 11 de febrero de 2015
www.vatican.va

**72: La promesa de amor para cada niño**
Audiencia general, 14 de octubre 2015
www.vatican.va

**73: La familia crece en el amor**
*Amoris Laetitia*, 29
www.vatican.va

**74: El amor fortalece a la familia**
Ángelus, 11 de agosto de 2013
www.vatican.va

**75: Amor en nuestra familia**
Audiencia general, 20 de mayo de 2015
www.vatican.va

**76: Debemos aprender cómo amar cada día**
Regina Coeli, 21 de mayo de 2017
www.vatican.va

**77: El amor nos ayuda a levantarnos**
Homilía, 24 de abril de 2016
www.vatican.va

**78: El servicio es el criterio del verdadero amor**
Homilía, 6 de julio de 2015
www.vatican.va

**79: Amor en armonia en la familia**
Homilía, 27 de octubre de 2013
www.vatican.va

**80: El amor une**
*Lumen Fidei*, 47
www.vatican.va

**81: Escuchar es amar**
*Evangelii Gaudium*, 146
www.vatican.va

**82: Las familias iluminan el amor de Dios**
*Amoris Laetitia*, 184
www.vatican.va

**83: El amor de las familias en la ciudad**
Audiencia general, 2 de septiembre de 2015
www.vatican.va

**84: La creación como un don de amor**
Audiencia general, 27 de mayo de 2015
www.vatican.va

**85: Amor por el planeta**
*Evangelii Gaudium*, 183
www.vatican.va

**86: Cada vida humana se forma en el amor**
*Laudato Si*, 65
www.vatican.va

**87: Nuestro destino es el amor**
Ángelus, 8 de diciembre de 2013
www.vatican.va

**88: La vocación al amor**
*Lumen Fidei*, 53
www.vatican.va

**89: La luz de amor**
*Lumen Fidei*, 32
www.vatican.va

**90: El amor da fruto**
Ángelus, 29 de octubre de 2017
www.vatican.va

**91: Nuestra historia de amor con Dios**
Audiencia general, 8 de junio de 2016
www.vatican.va

**92: El amor de Dios te espera**
Ángelus, 6 de enero de 2014
www.vatican.va

**93: Jesús nos ama sin medida**
Homilía, 21 de junio de 2015
www.vatican.va

**94: El amor de Dios nunca se agota**
Homilía, 3 de junio de 2016
www.vatican.va

**95: Jesús nos devuelve a nuestros seres amados**
Audiencia general, 17 de junio de 2015
www.vatican.va

**96: Rogar por nuestros seres queridos**
Audiencia general, 30 de noviembre de 2016
www.vatican.va

**97: El amor nos sustenta más allá de la muerte**
Audiencia general, 17 de junio de 2015
www.vatican.va

**98: La mirada de amor de Jesús**
Homilía, 1 de diciembre de 2013
www.vatican.va

**99: La muerte de Cristo abrió el camino para el amor**
Homilía, 20 de noviembre de 2016
www.vatican.va

**100: Jesús no se cansa de amar**
Homilía, Jueves Santo, 2 de abril de 2015
www.vatican.va